AF277070

# LOS SUCESOS DE
# JEREZ

## RICARDO MELLA

**ESTEL NEGRE**
19

**CALUMNIA**
2024

*Legu, kopiu, diskonigu, reverku,*
*kantu, muzikigu, kriu, recitu*
*ĉi libron. Diskonigu la Ideon!*

Llegiu, copieu, difoneu, reescriviu
canteu, musiqueu, crideu, reciteu,
aquest llibre. Difoneu la Idea!

**Volgueren enterrar-nos,**
**no sabien que érem llavor!**

**LOS SUCESOS DE JEREZ** | 2024
Texto: Ricardo Mella
Edición: Jordi Maiz | Raúl Montilla

Calumnia Edicions | Serra de Tramuntana (Mallorca)
info@calumnia-edicions.net | @calumniaeditor

Colección «Estel Negre», n. 19, 10 x 15cm, 103 p.

1ª edición | junio 2024
ISBN: 978-84-128279-5-8
DL: PM 00454-2024

# LOS SUCESOS DE
# JEREZ

# ANTECEDENTES

La tierra andaluza es la tierra de la libertad. Desde el año 1812, fecha de la proclamación en Cádiz de la primera Constitución española, hasta el día, el pueblo andaluz, el pueblo que trabaja y paga, no se ha negado ni una sola vez su sangre y su vida a todo movimiento a favor del progreso de las ideas y de las instituciones.

Pero la tierra andaluza es también la tierra del despotismo gubernamental y capitalista, es la tierra de la mayor riqueza y de la mayor miseria, y pobres y ricos viven en una tensión nerviosa que los conduce frecuentemente a la más brutal tiranía de un lado y a la sedición constante del otro. Acaparado por unos pocos, muy pocos privilegiados, su feracísimo suelo, la inmensa mayoría del pueblo se halla despojada de todo medio de vida y condena a las torturas del hambre. Allí donde se producen los mejores frutos; allí, donde abunda de todo y de nada falta y para todos debiera haber lo suficiente, millares y millares de criaturas pasan sin comer muchos días del año y comen muy mal cuando comen. Bajo la acción abrasadora de un sol ecuatorial, rostros tostados, casi negros, coronando un esqueleto humano disecado por la fatiga y el sudor, doblan la frente penosamente, y con el arado, la hoz o la azada arrancan a la tierra deliciosos productos, de cuyo goce están para siempre desheredados. Lo que todo el mundo sabe y muchos aparentan olvidar u olvidan de hecho es que un trabajo tan duro apenas es recompensado con dos, tres, o a lo sumo, cuatro reales diarios, jornal que no sólo ha de bastar al sostenimiento de la familia durante el período de las faenas agrícolas, sino también cuando las lluvias y la invernada vienen a condenarlos a forzosa holganza. En tanto, en las mesas de los reyes, los emperadores y los papas, en las mesas de los grandes capitalistas, propietarios de tierras, de minas o de fábricas, el dorado de Jerez, la dolorosa manzanilla o el incomparable málaga, hacen las delicias de cuantos no han sabido en su vida lo que es derramar una gota de sudor en un trabajo reproductivo. Y cuando el esqueleto, rechinando los descarnados huesos, agita un momento la segadora hoz en el espacio con el aire amenazador, entonces aquellos que se deleitan con el rico producto de su trabajo prorrumpen en exclamaciones de todo género y, no bastándoles el soez insulto y la infame calumnia, lanzan contra el desdichado y eterno esclavo los ejércitos, de esclavos formados también, y el fusil y la horca ponen término a la contienda, término siempre fatal para los que trabajan, siempre feliz para los que huelgan.

Así ocurre que, a pesar de la gran parte que Andalucía ha tomado en todos nuestros movimientos revolucionarios, a impulsos de los cuales las demás comarcas de España han ido progresando, el pueblo trabajador en Andalucía vive aún como vivía en la Edad Media, y el señor de la tierra andaluza es señor de horca y cuchillo, a quien auxilian eficazmente alcaldes, jueces, polizontes y guardia civiles en la tarea brutal de apretar más y más la argolla de la esclavitud y avivar más y más las ansias del hambre. Las leyes democráticas que en más o en menos permiten al resto de España cierta amplitud en la vida pública, son allí nulas. Ni derecho de asociación, ni derecho de reunión, ni las libres manifestaciones del pensamiento, son allí permitidas. Como en ninguna parte, el garrote y la cuerda son los encargados de administrar pronta y rápida justicia, los presidios y las cárceles están llenos de trabajadores por el pretendido delito de ilegal asociación o reunión clandestina. Las declaraciones arrancadas a palos en los cuarteles de la guardia civil han llevado a unos al patíbulo, a otros al presidio, a muchos a la emigración. Y después de todo esto, el inquisitorial tormento aplicado con una regularidad que espanta, la persecución con un ensañamiento que al más tranquilo encoleriza. No parece sino que la guardia civil ha sido creada con el propósito deliberado de cometer toda clase de brutalidades en las personas de los trabajadores andaluces.

Cuando el 1873 corrían aires impetuosos de revolución, cuantos se significaron por sus ideas, y muy especialmente los afiliados a la Internacional, sufrieron toda clase de abusos y atropellos. Las prisiones de Cádiz y la Carraca podrían revelar escenas espantosas de bárbaro salvajismo. Las deportaciones en masa nadie las habrá olvidado. Y lo que en la sombra de la noche ocurría cuando a los presos se les sacaba fuera de sus prisiones y metidos de medio cuerpo abajo en sacos se les lanzaba al mar, no será de muchos conocido, pero no pocos podrían atestiguarlo y denunciar los atentados inhumanos en aquella época cometidos. Mucho se ha hablado y se habla de los excesos del pueblo andaluz, pero un día vendrá en que se haga historia de los asesinatos legales, de los atroces bandolerismos del poder público y entonces se verá que, como siempre, el terror blanco ha sido mil veces más sanguinario que el terror rojo.

¡Cuántas desdichadas familias lloran todavía la misteriosa desaparición del padre, del hijo o del hermano!

Más tarde, sofocada la sedición popular que puso espanto en el ánimo de los revolucionarios republicanos, cuando Andalucía, como toda España, volvió al régimen de la mordaza y del método preventivo, desilusionado el pueblo por el fracaso de la República, teniendo al propio tiempo la conciencia de sus sacrificios y la de las miserables ambiciones, concupiscencias y falsedades de los llamados jefes del republicanismo, dirigió su conducta en un sentido verdaderamente revolucionario; y a pesar de la Restauración y del despotismo canovista, surgió por todas partes, con fuerza inusitada, el retorno de la aparente disuelta Asociación Internacional de Trabajadores. Prestó Andalucía a la Federación Regional Española, compuesta en su mayor parte por elementos anarquistas, todo su apoyo, constituyendo un núcleo tal y tan poderoso, que la avisada burguesía encontró un Oliver y unos cuantos reptiles asquerosos que inventaran una Mano Negra e iniciaran y prosiguieran una tan bestial persecución, que hasta cierta parte de la prensa política llegó a protestar vivamente de que en pleno siglo XIX retrogradáramos a los procedimientos inquisitoriales. Pero todo fue en vano. Cárceles y presidios, como siempre repletos de trabajadores; el patíbulo funcionando como en otros tiempos y los tormentos más atroces, el palo, las ligaduras, en fin, se puso en práctica para arrancar por la fuerza declaraciones de imaginarios delitos, denuncias de supuestas tramas revolucionarias, delaciones de pretendidas sociedades secretas, allí donde no había más que obreros organizados para la defensa de sus intereses, como organizados estaban en el resto de España y como organizados estaban también en todas partes diversos partidos políticos, cuya legalidad precisamente entonces se tenía por dudosa.

En esta labor inicua lo mismo han obrado Cánovas y Sagasta, conservadores y liberales, liberales y republicanos, porque estos últimos, olvidando sus primeros tiempos, aquellos en que la reacción los perseguía, encarcelaba y acuchillaba, han perdido todas sus energías revolucionarias y no han tenido ni tienen una palabra de protesta para los atropellos inauditos de que son víctimas los trabajadores andaluces: porque, en fin, todos a una no sirven ni quieren servir más intereses que los intereses de los ricos, por muy defensores que se digan de los derechos y de los intereses de los pobres.

¿Y qué se quiere entonces de un pueblo que permanece alejado de los pobres progresos políticos realizados en España, que continúa siendo el siervo de la Edad Media, que trabaja mucho y come poco, que sufre siempre y no goza nunca? ¿Qué se quiere de un pueblo que ha derramado constantemente su sangre por la libertad, cuando ve que esta libertad es una mentira? ¿Qué se quiere de un pueblo que se ve apaleado, encarcelado, perseguido y ahorcado por orden de aquellos que en otros tiempos le llevaron a las barricadas? ¿Qué se quiere de un pueblo que ha visto sucesivamente el engaño de la libertad, de la república y de la federación? ¿Que renuncie a la revolución porque ya no la quieren los que le hicieron batirse por escalar el poder? ¿Que se dé por satisfecho porque sus antiguos jefes lo están? ¿Que renuncie a un mejor estado social, que renuncie a convertirse en una masa de hombres libres, a gozar del fruto de sus penosas labores?

Si el espíritu revolucionario no estuviera encarnado en el pueblo andaluz, bastarían estos antecedentes para arraigarlo fuertemente.

Aquellos que no se cuidan nunca de referir los efectos y sus causas y que se espantan del efecto exterior de un hecho determinado, debieran tener a toda hora delante de los ojos una relación de estos sucesos, ya que tienen el corazón seco para guardar el sentimiento de su recuerdo, y entonces comprenderían cómo unos hechos son la generación natural de otros hechos y cómo, aparte de la labor fecunda de las ideas revolucionarias, las brutalidades de arriba engendran la desesperación de abajo, disponiendo al pueblo a la sedición y a la rebeldía, que si como medio para realizar un ideal la propagamos, bien pudiera suceder que a ella se apelara por un muy consecuente espíritu de venganza.

Así, pues, para entrar en el examen de asunto que motiva este folleto, no deben olvidarse estos antecedentes, sino por el contrario, completarlos con el detalle que aquí nosotros no podemos dar por razón de espacio.

# LOS SUCESOS

**B**astante antes de los acontecimientos de Jerez se había dado comienzo en la provincia de Cádiz a la persecución de los anarquistas. A partir de la primera manifestación de mayo, no pasó un día sin que fuera encarcelado y procesado alguno. En Cádiz se invocaron varios procesos contra Salvochea y un buen número de compañeros. Se cerraron arbitrariamente los Centros obreros y se imposibilitó la publicación de periódicos anarquistas. De todos estos procesos ni uno sólo prospero, y la justicia histórica fue derrotada repetidas veces sin que, no obstante, cejara en su empeño. Todos los manejos para complicar a nuestros amigos en el real o supuesto complot de los petardos fueron inútiles. Los delatores pagados y los policías denunciadores se contradijeron a menudo y revelaron claramente que nada sabían en concreto del asunto. No obstante, un cierto número de compañeros, aquellos que la burguesía juzgaba jefes del movimiento anarquista, continuó en la cárcel meses y meses bajo los fútiles pretextos. A Salvochea, principalmente, no se le absolvía en un proceso sin que inmediatamente se le complicara en otro. Esta conducta de los poderes públicos provocó el enardecimiento de los entusiasmos revolucionarios y cada proceso de los incoados en Cádiz fue motivo de manifestaciones entusiásticas en que el pueblo obrero mostraba bien a las claras sus opiniones anarquistas para hacer nuevas prisiones y hasta se dio el caso de detener y procesar a un compañero por negarse, en uso de su derecho, a jurar en nombre de Dios, en nombre de una cosa en que no creía.

Todos estos hechos dicen claramente que lo que se proponía la burguesía andaluza era matar a todo trance la propaganda anarquista, imposibilitando para hacerla a todos aquellos que se le antojaban más peligrosos.

Hay que unir a todo esto el malestar creciente de los trabajadores del campo en Andalucía y muy especialmente en la provincia de Cádiz. La campiña de Jerez atravesaba un período de crisis, terrible por sus consecuencias para los famélicos campesinos. Los que podían trabajar por aquel entonces ganaban sesenta y dos céntimos de peseta por una peonada, como allí se dice, o sea por una jornada de trabajo, que obliga al obrero a salir de casa cuando todavía brillan las estrellas en el firmamento y a recogerse en el cortijo algo después de ponerse el sol. Todos los que trabajan en estas condiciones han de permanecer lejos de su casa días y más días, durante los cuales se alimentan con un mal pan y un poco de aceite y duermen en una cuadra llamada gañanía, sobre una estera, tendida en el terroso suelo y en medio de toda clase de molestos insectos, cuando no en el propio suelo y sin defensa ni comodidad alguna. Claro está que de los famosos sesenta y dos céntimos han de mantenerse la familia y ha de reponer el obrero sus andrajos durante su permanencia en el cortijo, lo cual le obliga a un sinnúmero de prodigios económicos para poder ir tirando en medio de su desnudez y de su miseria.

Y como el trabajo escaseaba entonces los jornales bajaban, cosa muy frecuente en aquella riquísima campiña, no se necesitaba ciertamente ser anarquista para sentirse empujado a la rebelión.

De este malestar creciente, ayudado por la conciencia de la injusticia que lo ocasionaba, surgió la sublevación de Jerez. Perseguidos, apaleados y encarcelados muchos trabajadores, hambrientos casi todos, ansiosos de reparar de una vez por todas las iniquidades con ellos cometidas, pensaron, y pensaron bien, que era preferible una solución violenta y definitiva a la muerte esperada con estoicismo impasible. De aquí la agitación que por la campiña de Jerez fue extendiéndose. La víspera del 8 de enero de 1892, Ángel Torre Ferreti, un judas del anarquismo, comprado por la burguesía de Jerez, ayudado por agentes provocadores, lanzados en medio de la masa obrera no se sabe por quién, colmó la medida de la irritación de los ánimos, encarcelando a un buen número de compañeros. El día 8 por la noche entraron en Jerez algunos centenares de trabajadores al grito de «¡Viva la revolución social! ¡Viva la ANARQUÍA!», dirigiéndose unos a la cárcel con el propósito de liberar a sus compañeros y a los cuarteles otros, donde invitaron a los soldados a secundar el movimiento. Las armas de que disponían los sublevados eran completamente inofensivas ante los fusiles del ejército. El resultado nadie lo habrá olvidado. Salieron las tropas a la calle, dispersaron a los trabajadores, y a pesar del gran número de descargas que se hicieron, a penas hubo heridos, lo cual prueba que si los soldados no secundaron el movimiento, tampoco tenían ganas de ahogarlo en sangre. De este hecho extraordinario ha hablado no poco la prensa burguesa y nosotros lo señalamos a la consideración de nuestros amigos por la importancia de las deducciones de que de él se pueden sacar para el porvenir.

En la mañana del día 9 no quedaba de aquella sublevación de gentes desarmadas e indefensas más que el espanto producido en los capitalistas.

Dos burgueses aparecieron muertos en la vía pública, y asesinos fue lo menos que se llamó a aquellos que de Jerez podían haber hecho un montón de pavesas, pues a pesar de los odios sembrados por la burguesía, de los patíbulos levantados, de las palizas propinadas a toda hora, de los tormentos aplicados siempre y del hambre cotidiano, fueron los campesinos de Jerez demasiado nobles y generosos para no reparar debidamente los ultrajes recibidos, para no castigar las tropelías y demasías del poder, para no vengar las iniquidades de la gente adinerada. Los burgueses encopetados pusieron el grito en el cielo, a pesar de esto, y una turba de miserables que no tienen dos cuartos, pero que presumen de gente bien educada y pulcra, que gasta guante y se codea con los grandes propietarios, prorrumpió en exclamaciones injuriosas porque temía la hora de las represalias. En cambio, nadie se ocupó de la muerte que un cabo de caballería dio a un trabajador indefenso que llamaba a un compañero para ir al trabajo, nadie se ocupó de saber por qué este otro trabajador no tuvo el mismo fin, gracias a la resistencia que los soldados opusieron a las órdenes de dicho cabo, licenciado inmediatamente, sin duda en premio a su vandálico acto; nadie se preocupó de la inexplicable muerte de Caro, si no fue para injuriarlo miserablemente; nadie pensó en poner remedio a la canallesca conducta de los polizontes, a las barbaries cometidas en los cuarteles de la guardia civil y a los procedimientos inquisitoriales adoptados para mejor llevar a cabo la iniquidad de las iniquidades.

El Lebrijano y Busiqui fueron acusados de asesinato por estas dos muertes. Compañeros de Jerez aseguran que aquéllos no eran anarquistas; pero esto importa poco. Eran dos víctimas de la explotación burguesa, eran dos desheredados lanzados a la lucha violenta de clases y, supuesta la certeza de la acusación, mataron como se mata en todos los movimientos revolucionarios. ¿Que a quién mataron? Pues al primero de los adversarios que se pudo delante. Y adversario para el obrero que tercia en estas luchas lo es, más que el soldado que dispara su fusil porque se lo ordenan, todo el que vive del sudor del pueblo porque quiere. Cuando las revoluciones tenían carácter político se acechaba a los jefes militares o civiles del bando opuesto y se suprimía el obstáculo sin miramientos. Hoy las cosas han cambiado. El burgués y el obrero están el uno frente del otro y el jefe militar o civil no es más enemigo que el propietario que vive tranquilamente de su renta, apartado de toda contienda social.

Pero sin que entremos a justificar aquel hecho, se explica muy sencillamente. La gente rica y la clase media que no lo es, desprecian al obrero hasta el punto de avergonzarse de hablar en medio de la calle con uno de estos desarrapados, sobre cuyo trabajo vive todo el mundo. Se considera al hombre del pueblo como de una raza aparte, inferior, despreciable. ¿Qué mucho que nazca en el obrero el sentimiento recíproco, el odio a todo lo que no es su clase y la

venganza surja cuando de la vida regular se pasa
a la lucha violenta? ¿Está tan atrofiado el cerebro
de la burguesía que no se dé cuenta de estas cosas?

Por otra parte es injusto inculpar a los sediciosos
de Jerez de un acto cuya responsabilidad es puramente individual. Ellos tuvieron a su disposición todas las riquezas de Jerez y no tomaron un
alfiler; ellos pudieron penetrar en el casino o en
el teatro, donde se acurrucaba cobardemente la
burguesía, y nada hicieron cuando tantos motivos tenían para tomarse por su mano la justicia
de que andan bien necesitados; ellos pudieron
interrumpir las comunicaciones, detener los tre-
nes, y esto que todos los partidos han hecho no
tuvieron ellos valor bastante para hacerlo porque se les habló de humanidad y se les hirió su
sentimiento, siempre y mil veces más noble que
los sus vandálicos explotadores. Ellos pudieron,
en fin, disponer de armas terribles y apoderarse a
mansalva de Jerez. ¿Y qué hicieron? Realmente,

nada. Pero la burguesía ha entrevisto el peligro que se avecina, ha visto, como suele decirse, «los dientes al lobo» y tiembla medrosa ante el ejército proletario que imagina ver levantarse por todas partes amenazador. ¡Por eso se ha lanzado contra los trabajadores de Jerez la acusación de que se proponían saquear y asesinar!

El pánico se apoderó por completo de la sociedad española, y en Jerez ni aun se atrevían a salir a las calles. El terror general hizo pensar en la venganza, y la burguesía se preparó a tomarla terrible. Los poderes públicos comprendieron que no volvería la tranquilidad a los ánimos sin una formidable represión, hábilmente organizada.

Se comenzó, pues, prendiendo trabajadores a diestro y siniestro. El traje habitual del agricultor constituía una denuncia, y en los cortijos, en el campo, en las calles y en las casas de la ciudad fueron detenidos jóvenes, y ancianos sin distinción. El día 9 fue detenido Lamela, estando en su barbería, y el 10, por la mañana, Zarzuela y tres más. El Busiqui y Caro habían sido ya detenidos y encarcelados. Se hicieron varios reconocimientos en rueda de presos por gentes disfrazadas que se cubrían el rostro con antifaz y sólo Caro y Busiqui fueron señalados por dos guardias municipales como autores de una de las muertes ocurridas en la noche del 8.

Cinco o seis días después fue detenido Félix Grávalo, «el Madrileño», y si antes de esta prisión no había sido posible probar nada que constituyera delito a la inmensa mayoría de los presos, desde que este agente provocador, este explotador de los trabajadores, venido no se sabe de dónde, pero que contaba con la recomendación de algunos y sin duda poco avisados compañeros de Sevilla, este hombre que vivió largo tiempo en la holganza, gracias a la generosidad de los campesinos jerezanos y que rehusaba siempre el trabajo amparándose en fútiles pretextos, desde que este hombre indigno, repetimos, entró en la cárcel todo se volvieron acusaciones, denuncias y estupendos e imaginarios complots. El fue quien acusó a Lamela como jefe del movimiento y a Zarzuela como agitador, que iba a la cabeza de los amotinados a la salida de Caulina; él quien delató a Lamela, Díaz Caballero y Sánchez Rosa como individuos que en comisión habían ida a Cádiz para ponerse de acuerdo con Salvochea; él fue quien complicó al revolucionario gaditano en los sucesos de Jerez y de los cuales sólo sabía lo que nadie ignoraba, pero nada más, porque los compañeros jerezanos desconfiaban de este charlatán de muy buenas palabras y muy malos hechos. Por él, en fin, fueron apaleados y atormentados muchos trabajadores que no declaraban acordes con sus denuncias infundadas, falsas, inicuas. A Lamela, por él, le sacaron al campo y le maltrataron de un modo infame y antihumano.

En conclusión, la burguesía paseó por las calles y por los campos «el Madrileño», y cuantos éste quiso señalar y acusar fueron atropellados, encarcelados y procesados. Todo esto fue necesario para que a una multitud de trabajadores se le pudiera tener amontonada en inmundas pocilgas de la cárcel de Jerez, tratándola peor que se trataba en las bodegas de los barcos negreros a los desdichados esclavos.

Juez civil, juez militar, consejo de guerra, patrullas de caballería, infantería y guardia civil recorriendo los campos y las calles, todo fue poco para tranquilizar a la cobarde burguesía.

Tal fue el comienzo de esta tragedia que tuvo su desenlace en el tablado del patíbulo.

# LOS PROCESOS

Desde el primer momento se comprendió que los poderes públicos trataban de aplicar primero un terrible castigo y reservarse luego la elección de nuevos medios de martirio y de tormento contra los campesinos jerezanos.

Instruido el primer proceso por las autoridades civil y militar, se inhibieron bien pronto las primeras; y a pesar de que en la noche del 8 no se hicieron armas contra la fuerza pública ni fue herido ningún soldado, a pesar de que no llegó a declararse el estado de sitio, se construyó el consabido consejo de guerra para castigar sin duda, con toda la sumaria rapidez que el caso requería, la rebelión de los trabajadores. Si el consejo de guerra hubiera de juzgar a todos los detenidos en un solo y único proceso, no hubiera podido levantarse el patíbulo en la plaza pública con la premura que se quería. Así fue que muy pronto se hizo una separación de piezas y autos, dirigiendo los primeros trabajos procesales contra aquellos individuos más significados que habían sido ya antes objeto de los cariños burgueses, merced a los inquisitoriales procedimientos de la guardia civil y a las viles delaciones de agentes provocadores que ni aun el trabajo de disimular se tomaron.

Llegó el día de la vista, y a pesar de las protestas de los acusados, a pesar de sus negativas, manifestando que las declaraciones que constaban en acta habían sido arrancadas por la fuerza y el tormento, a pesar de hallar algunos dispuestos a que los médicos hicieran en sus personas un reconocimiento para atestiguar la existencia de señales evidentes de las violencias con ellos cometidas, las sabias y honradas autoridades militares hicieron oídos de mercader, y barajando el delito de sedición con el crimen cometido en las personas de manos limpias, condenaron a Lamela y Zarzuela a la última pena, como jefes del movimiento, a Busiqui y el Lebrijano como autores del asesinato referido, a Caro a condena perpetua, como cómplice de estos últimos, y Félix Grávalo Bonilla, José Romero Loma y Antonio Macías a la reclusión perpetua por haber tomado parte en la sedición del día 8 de enero.

El día 9 de febrero por la mañana fueron puestos en capilla Lamela, Zarzuela, Busiqui y el Lebrijano, donde se vieron asediados por una multitud de curas y burgueses que Zarzuela y Lamela rechazaron enérgicamente repetidas veces. Lamela dijo a varios burgueses con voz fuerte: «Si piensan que con matarnos no se hace la revolución, se equivocan, porque los trabajadores están dispuestos a defender sus derechos y la revolución social es segura; así es que me importa poco morir por no vivir en sociedad tan infame».

Tanto Lamela como Zarzuela no confesaron, pues rechazaron siempre la intervención del cura. De Busiqui nada se puede asegurar y el Lebrijano nadie habrá olvidado aquella famosa declaración arrancada, si es real, por los cuervos burgueses que hasta el último momento custodiaron a nuestros compañeros. Nuestros desgraciados amigos se vieron privados de libertad hasta en el momento en que se la concede a los más empedernidos criminales. Nadie de los suyos, amigos o parientes, pudo acercarse a la capilla.

El día 10 de febrero fueron elevados al patíbulo los sentenciados. Zarzuela dirigió al pueblo estas memorables palabras: «Pueblo de Jerez:

que no digan que somos cobardes; tomen venganza de esta inquisición que están haciendo con nosotros». Lamela, mostrando gran serenidad, saludó al público con el sombrero. El Busiqui no cesó de protestar de su inocencia hasta el último momento. Instantes después los cuatro reos habían dejado de existir.

A la misma hora que ahorcaban a nuestros compañeros, murió también, no se sabe de qué, nuestro buen compañero Caro. La burguesía arrojó sobre su cadáver un puñado de lodo. Tal vez para ocultar su crimen.

El sacrificio se había consumado. Y como respondiendo al espíritu de venganza en que se inspiraba el poder público, los trabajadores de varias poblaciones abandonaron sus faenas, explotó una bomba de dinamita en Barcelona y otras explosiones ocurrieron en diferentes delegaciones de España en el extranjero. En algunas grandes ciudades de Europa y América se celebraron meetings de protesta y la agitación obrera tomó un carácter internacional que asegura para el porvenir el más bello espíritu de solidaridad en la lucha entablada.

Ante estos hechos sólo diremos una cosa: el castigo ha sido terrible, inhumano, bárbaro, contra toda ley y todo derecho. ¿Quién podrá extrañarse que en día no lejano las represalias excedan a su vez toda consideración y todo humano respeto?

El primer paso estaba dado y la burguesía preparaba una segunda hecatombe. Había el propósito de celebrar segundo consejo de guerra el 20 del mismo mes de febrero. Los verdugos permanecieron en la ciudad de Jerez, sin duda, dispuestos para nuevas inmolaciones. Sin embargo, de pronto cesó la actividad de los jueces militares y los verdugos abandonaron la ciudad. ¿Qué había pasado? Nosotros no sabemos, pero vimos con toda claridad que se cambiaba de táctica. Empezaron de nuevo los atropellos y los tormentos. Se complicó a Salvochea en el proceso, acusándole de inductor en los sucesos del 8 de enero y se le trajo a Cádiz para encerrarlo en una pocilga, aislado de toda humana relación. Nadie habrá olvidado la actitud en que se colocó Salvochea y las arbitrariedades con él cometidas hasta el punto de obligarle a solicitar del fiscal militar una entrevista en la que, sin duda, nuestro valeroso compañero protestó enérgicamente de las violencias que con él se hacían. La guardia civil empezó otra vez la noble tarea de arrancar declaraciones a fuerza de palos. El castigo fue más lento, más infame, más inicuo. Se trataba, sin duda, de reprimir sin ruido, de atropellar y atormentar en la sombra, de aniquilar al mayor número posible con el más grande sigilo imaginable. Transcurrieron así meses y meses; pasó un año, Félix Grávalo Bonilla, «el Madrileño», declaró que había acusado falsamente bajo la promesa de obtener la libertad que se le había hecho por escrito cuando estaba en la prisión. En la carta de referencia, que entregó al tribunal, se le daban imperiosas instrucciones respecto a los individuos a quienes debía acusar, bajo amenaza de los más atroces castigos si no obedecía; y, no obstante, esto que «el Madrileño» reveló cuando perdió las esperanzas que le habían hecho concebir respecto a su libertad, el tribunal militar hizo caso omiso y prosiguió su represiva tarea.

Por fin, fueron citados los procesados para que nombraran defensores, a lo cual casi todos se negaron. Se celebró el consejo y ante él reclamaron algunos de los defensores, nombrados de oficio, la presencia del traidor Ángel Torres Ferreri y del delator «el Madrileño» para que delante de los acusados ratificarán sus acusaciones, a lo que el tribunal se negó en previsión, sin duda, de lo que todo el mundo comprenderá que hubiera ocurrido. Varios procesados protestaron también de la veracidad de sus primeras declaraciones, afirmando que habían sido arrancadas por la fuerza, pero el consejo se negó sistemáticamente a toda clase de pruebas, por lo cual los defensores formularon enérgicas protestas que constan en acta. En fin, que todo el proceso segundo se desarrolló como el primero, siguiendo procedimientos puramente inquisitoriales. Los acusadores no comparecían y las acusaciones caían como llovidas del cielo. La defensa se hizo imposible y sólo quedó el recurso de esperar estoicamente que el capricho del vengador ordenara la venganza.

Celebrado el consejo de guerra, después de once meses de prisión, recayó la siguiente sentencia:

Manuel Díaz Caballero, a reclusión perpetua; José Sánchez Rosa, a reclusión perpetua; José Crespo Sánchez, a reclusión perpetua; José Barrera Moreno, a reclusión perpetua; Andrés Domínguez Garrido, a reclusión perpetua;

Juan Borea Marín, a reclusión perpetua; Joaquín Sánchez Santo, a reclusión perpetua; Juan Gómez Correa, a reclusión perpetua, (el Supremo rebajó la pena a veinte años); José Marques, a reclusión perpetua, (el Supremo rebajó la pena a doce años); Juan Lozano Roldán, a quince años; Francisco Maza González, a quince años, (el Supremo aumentó la pena a reclusión perpetua); Manuel González Guillén, a quince años, (el Supremo la aumentó a veinte años); Juan Agis Besada, a quince años, (el Supremo rebajó la pena a doce años); José Reguera Iglesia, a quince años, (el Supremo rebajó la pena a doce años); Fermín Salvochea, a doce años; Gaspar Domínguez López, a quince años, (el Supremo la rebajó a ocho años).

En esta ocasión ocurrió un cambio de política en España. Sagasta, con su ministerio de notables, sustituyó a Cánovas, caído bajo las acusaciones de la inmoralidad que se había apoderado de la máquina administrativa. La aprobación por las autoridades superiores de la sentencia dictada sufrió un aplazamiento, aplazamiento que pudo hacer concebir halagüeñas esperanzas a algunos demasiado bondadosos amigos nuestros y a cuentos sentían simpatía por los desdichados vencidos de Jerez. La sentencia fue ratificada, que como decía *La Anarquía*: «Si el partido conservador, a su subida al poder, perpetró la felonía de ahorcar a los desgraciados compañeros de La Mano Negra, inventada por el agente Oliver, a las órdenes de Sagasta, a Sagasta cumple dar cima a la obra iniciada por algún oculto Oliver de Cánovas».

Así terminó la obra inquisitorial de los poderes públicos. Nuestros amigos están ya en presidio o camino de él. Por donde han pasado y por donde pasan los que van presos y los que quedan libres, aclaman juntos la ANARQUÍA y la revolución social. ¡He aquí la respuesta que a la represión autoritaria dan los que están dispuestos a perder la vida por la libertad!

Digamos ahora algo respecto a los términos de ambos procesos. Las monstruosidades cometidas son tales, que no cabrían en un libro nuestros juicios y nos vemos por ello obligados a concretarlos y reducirlos a los puntos más salientes. Son éstos la calificación de los sucesos, los procedimientos de investigación seguidos, la acusación contra Salvochea y la cuantía de las penas impuestas.

Para nosotros es incuestionable que lo ocurrido en la noche del 8 de enero no pasó de un simple motín sin grandes proporciones. Lo prueba que los amotinados no hicieron armas contra nadie, ni siquiera se defendieron de la fuerza pública. Podían llevar en la intención lo que se quiera, que no se puede juzgar de ellas, pero los hechos no pasaron a la categoría de los que se califican de sedición o rebelión militar, como ha sentado el consejo de guerra. Excepción hecha de las dos muertes ocurridas, que fueron hechos puramente individuales de los que suceden en cualquier fiesta religiosa, en cualquier romería, en cualquiera aglomeración de gentes, y no imputables, por tanto, a la masa general de los reunidos, cualquiera que sea el motivo, nada ocurrió en Jerez que justifique la calificación de los sucesos hecha por el tribunal militar. En cualquiera de los motines que con frecuencia ocurren en Madrid y en otras grandes poblaciones, se hallan caracteres de rebelión más graves que en los sucesos de Jerez, puesto que se hace casi siempre resistencia a la fuerza pública, a la cual se arroja piedras o se dispara tiros. En Jerez todo se redujo a unos cuantos vivas, a una visita a la cárcel con el propósito de que fueran puestos en libertad varios trabajadores, y a individuales invitaciones a varios soldados para que se unieran a la manifestación. ¿Ha ocurrido más sino es el abultamiento que el espanto burgués, el pánico a los que en su conciencia se sienten acusados, dio a los sucesos? La infamia cometida en esta ocasión por las gentes acomodadas no tiene nombre. Bajo la presión de su cobarde terror fue menester fraguar una sedición para que hubiera motivo de asesinar a unos cuantos honradísimos y laboriosos trabajadores, anarquistas, sí, hombres de idea, pero no criminales vulgares como se ha pretendido por los miserables que matan a mansalva y viven del latrocinio.

Y para que esa calificación arbitraria pudiera hacerse, ¿qué medios se siguieron? La presión en masa de los campesinos jerezanos, la delación encubierta y criminal, las declaraciones arrancadas por el tormento en los cuarteles de la guardia civil, que aseguraba estar autorizada para todo, y en las excursiones al campo, donde con toda impunidad se cometieron los mayores excesos. Hombres pagados como el polizonte Torres o ganados con promesas falaces como «el Madrileño», fueron los agentes denunciadores a quienes el tribunal dio entero crédito, sin compulsar sus acusaciones, sin apelar a ninguna clase de pruebas, sin dar medio alguno en defensa a los acusados. Como en tiempos del Santo Oficio, se apeló a la mascarilla, al palo, a la polea, a toda clase de tormentos. Bastaba acusar, no era preciso probar. Y al que no declaraba a gusto de cualquier esbirro con tricornio se le apaleaba o se le colgaba con los brazos vueltos hasta que el sufrimiento le arrancaba una mentira, la mentira que se le demandaba. ¡Pobres agricultores jerezanos!

Dirán que esto son exageraciones nuestras. No; en todo caso serían más que exageraciones. Serían calumnias que la ley castiga y nuestros periódicos están llenos de denuncias de estos hechos vandálicos sin que nadie se haya atrevido a desmentirnos. ¿Por qué, si lo que en *El Productor*, en *La Anarquía* y en *El Corsario* se ha dicho por los mismos interesados y bajo su firma es calumnioso, no se les ha procesado y castigado? Sencillamente, porque si se abriera una información judicial se haría el escándalo, y la burguesía todo lo consiente menos esto último. Los poderes públicos han contado con la complicidad de las clases privilegiadas y de los partidos todos y con esto les bastaba. El silencio fue la consigna seguida por todos, hasta por esos vividores que se llaman revolucionarios para mejor explotar al pueblo, por esos que se quejan de que más que a otros les combatamos, cuando debiéramos estrujarlos para que cesaran en su canto de sirena.

¡Pero qué! ¡Si los mismos socialistas, gentes que andan entre los trabajadores pregonando una mentida revolución social, fueron cómplices de esta terrible iniquidad en Jerez cometida!

Si hubiera en estas gentes un átomo de veracidad, de justicia, de honradez, ¡cuán otra hubiera sido su conducta!

Pero no; el zafío trabajador del campo, los manos negras, esos hombres rudos, quemados por el sol, consumidos por la miseria, desnudos y hambrientos, se han atrevido con la gente pulcra de la ciudad, con los señoritos, con los manos blancas, con los sietemesinos de la aristocracia, de la clase media y de la clase obrera, que también los hay, y este enorme delito no podía perdonarse. La terrible hoz del segador debía ser humillada, anulada en afrentoso patíbulo.

Y después de esto era preciso más. Era preciso una razzia que acabara con todos los anarquistas de aquella feraz campiña. Era preciso, asimismo, buscar un inductor entre los que esos bestias, que tienen por cerebro un puñado de monedas, llaman jefes anarquistas, y apareció Salvochea, el cristo que los fariseos gaditanos no se atrevieron a crucificar. Bastó la indicación de un miserable, sin pruebas, sin nada que lo acreditara, para que los fariseos de Jerez se apoderaran de Fermín y lo sentenciaran, calumniándolo e insultándolo villanamente.

«Por muchos folios —decía *La Anarquía*— que haya escrito el fiscal (que tiempo y papel ha tenido) no podrá convencer a nadie, ¡quién sabe si el lo estará!, de que allí hubo plan revolucionario, y mucho menos que Salvochea, metido por arte de magia en la segunda parte de ese proceso, fuera el inductor".

"Se necesita desconocer el talento del caudillo de Cádiz, que también supo poner en estado de defensa la ciudad, que resistió con ventaja los ataques de Caballero de Rodas; el genio guerrillero del que tuvo en jaque gran número de fuerzas monárquicas; y por último, se necesita desconocer la grandeza de alma de ese hidalgo caballero que se llama Fermín Salvochea, que tan hidalgo sería siendo republicano o carlista como lo es siendo anarquista, para suponerle que fuera capaz de inducir una asonada en provecho propio. Si nosotros fuéramos tan mezquinos que supiéramos en él esa ruindad, seríamos los primeros en condenarle. Pero ¿cómo se puede dudar, sin dudar antes de sí mismo, de quien jamás convirtió la política en granjería ni medró cuando tuvo la sartén por el mango, sino que, por el contrario, consagró fortuna, libertad y vida a la defensa de la democracia primero, de la república después y de la ANARQUÍA más tarde?".

"No, señor fiscal; llamar inductor con los planes ulteriores que se le supone a un revolucionario, tan leal como desinteresado, más que acusación es un insulto; Fermín Salvochea no indujo jamás a nadie sin ir él al frente; eso se queda bueno para los generales y oficiales que cubren su cuerpo con el de sus subalternos; Fermín Salvochea fue siempre el primero en avanzar y el último en retroceder: si hubiera estado libre y hubiera inducido a los jerezanos, no hubiera sido seguramente desde Cádiz, sino desde Jerez; no alejado de sus compañeros, sino en medio de ellos. Entonces quizá hubiera cambiado de rumbo la cosa, y no habría pagado tanto infeliz, unos con la vida y otros con largos años de presidio, la inexperiencia de creer que un montón de salvajes puede ser una sociedad de personas".

"Salvochea no sólo tuvo ocasión de hacerse millonario siendo jefe del cantón de Cádiz y cuando mandaba las partidas republicanas, sino que en estos últimos tiempos pudo ser el jefe de todos los republicanos de Andalucía y salir electo diputado cuantas veces le pluguiera. Salvochea, con sólo renunciar a sus ideales anarquistas, podía disfrutar una regular fortuna (dado que no hubiera querido ensuciarse), cuidando de su fábrica de naipes y al propio tiempo de su idolatrada anciana madre -noble y venerable señora de quien esta Redacción saluda con toda la efusión de su alma-. Salvochea pudo ser, pues, un burgués que gozara comodidades con sólo explorar su antigua industria, sin más allá; y en vez de esto, amando la justicia y las reivindicaciones proletarias, ha trocado de buen grado las dulzuras del hogar, las comodidades placenteras, hasta la inefable dicha de ver constantemente y acompañar todas las nobles a la que le dio el ser, por las sombrías paredes de cárceles y calabozos".

"Un hombre así de generoso donde pulula tanto miserable, un hombre así de tan inquebrantable conciencia donde abunda tanto ruin que se la pisa por la mezquina prebenda, no puede ser inductor de nada que exija sacrificio economizando el propio".

"Por eso ha sido necesario sacarlo de Cádiz y llevarle a Jerez para condenarle. Estaba probado que cuantas veces lo hubieran juzgado los tribunales gaditanos, otras tantas saldría absuelto. Porque en aquella legendaria ciudad de la libertad, todos, desde el más chico al más grande, desde el más rico al bracero, conocen al honrado Salvochea, a quien saludan respetuosamente al verle cruzar las calles llevando del brazo a su virtuosa madre, y todos saben perfectamente que lo que se ha pretendido por la burguesía con este espinoso calvario que se le hace recorrer sólo obedece al estúpido temor de creer que es el caudillo, el jefe de los anarquistas".

"A consecuencia de esta profunda convicción, el jurado gaditano no hubiera pronunciado jamás, jamás y jamás veredicto de culpabilidad contra el que sólo puede aparecer reo ante gentes adocenadas, hombres pequeños o espíritus sujetos a deleznables influencias".

"Ésta nuestra afirmación está comprobada perfectamente por los meses y meses que ha tardado este consejo de guerra, formado por tan despierta y avisada gente, en dar en la cuenta de que el inductor de aquella manifestación que tanto aterró a los vampiros burgueses jerezanos era, no Lamela y Zarzuela, ignominiosamente sacrificados en el patíbulo, sino Fermín Salvochea, el perpetuo recluso de Cádiz"».

Mas ¿qué pruebas había para condenar por inductor a nuestro amigo?

Ninguna, en realidad. Bastó que «el Madrileño» afirmara la existencia de una entrevista entre varios anarquistas de Jerez y Salvochea para que después de no poco tiempo cayeran los señores del tribunal militar en la cuenta de que Fermín, y sólo Fermín, era el promotor verdadero de aquella terrible sedición jerezana, tan caramente pagada por la multitud de trabajadores. Y hay que advertir que aun a los mismos periodistas de Cádiz era difícil ver y hablar a Salvochea, y cuando esto se lograba era necesario hablar en voz bastante fuerte, pues que el locutorio está dispuesto de modo que entre presos y visitantes media la suficiente distancia para hacer imposible el secreto de la conversación. Sin embargo, tres sencillos campesinos pudieron tramar toda una revolución con el temido anarquista, burlando la previsión burguesa. Tan sólido es el fundamento de esta otra iniquidad que en Jerez se ha cometido.

¿Y qué diremos de la cuantía de las penas? ¿Qué diremos, en un país en que pasado el primer momento de todo motín se sobreseen los procesos a granel y se pone en libertad a los procesados aun cuando hayan hecho resistencia a la fuerza pública?

«Lo de Jerez no fue un motín -se nos dirá-; fue una rebelión que tenía por objeto el saqueo y el asesinato». ¿Y dónde están las pruebas?

Si hubiera sido una sedición, y no negamos que esto estuviera en el pensamiento de los trabajadores de Jerez, ¿cómo se explica que no llevaran armas, propiamente hablando, adecuadas a sus propósitos? ¿Es que pensaban batirse a puñetazos?

Pase, sin embargo, lo de sedición o rebelión militar. ¿De dónde se saca la consecuencia de que ésta tuviera por objeto robar y asesinar? Aun en aquel supuesto, lo sucedido no puede compararse con el asalto del cuartel del Buen Suceso, en Barcelona, ni con el alzamiento republicano el 1 de septiembre, en Madrid. En el primero de los sucesos citados hubo individuos del ejército heridos y en el segundo fue un hecho la insurrección contra la forma de gobierno. Los que iniciaron el alzamiento de Madrid eran militares que volvieron sus armas contra las fuerzas leales. Ocurrieron dos muertes, un brigadier y un coronel, ambos de la aristocracia. Y sin embargo, habiendo figurado como inductor un desgraciado general, todos, general y soldados, fueron condenados a presidio; para nadie se lanzó el vergonzoso patíbulo (cosa que aplaudimos entonces y celebramos aún) como se levantó en Jerez, que ni siquiera estaba en estado de sitio, y donde no sólo no habían muerto ni brigadieres ni coroneles, sino que ni aun el último ranchero había sufrido la más leve contusión.

¿Por qué tan profunda diferencia? ¿Es que hay dos códigos militares distintos? ¿O es más bien que para los anarquistas o simplemente para los pobres y sin valimiento no hay derechos, ni ley, ni justicia que valga?.

Por cualquier parte que se examine la cuestión resulta que las sentencias dictadas en Jerez son una monstruosidad inconcebible, una iniquidad fríamente calculada y ejecutada. De cuantas rebeliones han ocurrido en España durante los últimos años, no quedan ya más que muy pocos que no gocen de completa libertad. ¿Y cómo no, aquí donde desde el más encopetado general y el más elevado personaje político hasta el último soldado se han sublevado una y otra vez por los más fútiles motivos? ¿Y cómo no, aquí donde se reconocieron grados a los improvisados jefes de aquellas honradas masas que asesinaban cruelmente, arrasaban los pueblos, violaban las mujeres y saqueaban a su paso caseríos y ciudades?.

¿Es que se ha perdido la memoria por completo?.

No; es que los de Jerez eran desarrapados sin jefes, pobres sin defensores, criminales anarquistas a quienes había que exterminar como a fieras, no como a hombres. Es que los de Jerez no trataban de encumbrar a ningún Sagasta que fusila a sus cofrades en masonería después de haberse pasado la vida conspirando; es que no seguían a ningún Martínez de Campos, cuya cabeza se pregona para compartir más tarde con él las dulzuras del poder; es que no se ocupaban de mojigangas monárquicas o republicanas; es, en fin, que sus tiros iban más lejos y se dirigían contra el fondo mismo de las formas sociales y amenazaban los intereses del privilegio, del robo y del asesinato legal. Por esto se les condenó a infame suplicio, por eso se aumentaron los años de presidio, por eso se les trató como ningún vencedor, leal y noble, trata al vencido. Los burgueses han obrado como cobardes rufianes. Lo más canallesco, lo más repugnante, lo más infame para todo hombre honrado es acometer y maltratar al caído. Esto ha hecho la degradada burguesía española.

Los que en la hermosa Andalucía disponen de extensos dominios, premio unas veces de alguna fechoría, robando otras a la nación al amparo de desamortizaciones provechosas para los buitres que acuden a donde hay carne muerta y para las gateras del timo político y nacional, pueden estar satisfechos. El rebelde esclavo ha sido sometido. La máquina humana obedece de nuevo sumisa y tranquila. ¡Pero ay de ellos si explota la caldera, si el turbión revolucionario se reproduce, si la hoz rasga otra vez el aire con ímpetu inesperado!

# LOS ATROPELLOS

En el curso de este folleto hemos hecho referencia varias veces a los atropellos de que fueron objeto los trabajadores andaluces a causa de los sucesos de Jerez. Y para que no se nos tilde de apasionados vamos a relatar algunos hechos concretos de que tenemos noticia, ya por mediación de amigos, ya por la prensa.

A continuación reproducimos la declaración que nuestro infortunado compañero Lamela escribió de su puño y letra pocos días antes de ser sacrificado por los esbirros de la moderna Inquisición. Por ella se ver cuán infame ha sido la burguesía y qué inicuo procedimiento se ha seguido y tolerado en Jerez.

Hela aquí:

«"Yo, José Fernández Lamela, de veinticuatro años de edad, oficio barbero, hijo de Alonso Fernández y de María Lamela, natural de Benaocaz, vecino de Jerez, habitante en la calle Arcos, 11, barbería, declaro: que el día 9 de enero, a las cuatro de la tarde, fui detenido en mi establecimiento por una pareja de guardias de campo y fui llevado a presencia del juez, y preguntándome si reconocía un paquete de *El Productor* y otro de un periódico nuevo, creo que el *Boletín Oficial*, que fue recogido del correo por las autoridades y traían ambos mi dirección. Dije que, efectivamente, aunque venían a nombre de M. Ramírez Díaz, eran para mí, y acto continuo fui trasladado a la cárcel y me incomunicaron. Así permanezco hoy día 25".

"Pasando a mi objeto principal de declaración, sólo diré el hecho de la verdad, y es que el día 22 por la noche me sacaron a las dos y media de la madrugada una pareja de la Guardia Civil, lo propio que al compañero Manuel Díaz, escoltado por otra, y nos llevaron al cuartel donde habitan, y al cuarto de hora, desde la cuadra de los caballos en donde me sentaron con las manos amarradas atrás, tal como me sacaron de la cárcel, oía los lamentos que daba el antedicho compañero, el mismo que después ha dicho que le apalearon para que declarara; y a los diez minutos, próximamente, me llevó la pareja a un cuarto adonde al entrar me soltaron dos vergajazos, dos sujetos que estaban en la sombra, y adentro había un cabo inquisidor, y dijo:"

"— ¡Alto!, ¿quién ha mandado pegar?"

"(¡Tiranos!, gozaban viendo sufrir y son tan hipócritas como criminales)".

"Dicho cabo me instó a que declarara, y no declarando lo que él quería, entró el comandante y dijo:"

"—Mire usted que nos vamos a ver precisados a tomar otros medios más violentos".

"Y mandó que me amarraran las manos delante y me llevaran a otro cuarto, y poniéndome en cuclillas me pasaron un palo por las corvas y las sangraderas de los brazos, y me colgaron del techo por espacio de un cuarto de hora, y después de bajarme me tuvieron en cuclillas con el palo en el mismo sitio otro tanto tiempo. Así es que cuando me sacaron el palo estaba mojado todo y no podía ponerme en pie. Volvieron a insistir otra vez a que declarara, y no declarando lo que ellos querían, me dieron de bofetadas. Cosa que cuando he sido llamado a declarar ante el juez lo he hecho constar en la declaración, pidiendo que me reconociera el médico, como así se ha hecho aunque en verdad creo que es como pedir peras al olmo".

"En este estado cierro mi declaración, hoy, día 25 de enero de 1892. Cárcel de Jerez de la Frontera"».

De mano diferente, y con otra tinta, sigue en el original de Fernández Lamela la firma de Juan Núñez Reyes, refrendándolo de antedicho.

De iguales o parecidos tratos fueron objeto, algunos, no pocos trabajadores. A José Sánchez Rosa lo trasladó una noche de Guardia Civil de la cárcel al cuartel, donde fue inicua y bárbaramente apaleado. Y como no declarara, a pesar de esto, a gusto de los apaleados, lo colgaron con los brazos vueltos de una viga y a los desgarradores gritos con que pedía la muerte, le contestaban que no se la darían hasta haberle martirizado bastante. Después le descolgaron, volviéndole a apalear tan inhumanamente, que nuestro compañero quedó sin sentido y completamente destrozado.

Joaquín Sánchez Santo es otro de los apaleados. A este compañero lograron arrancarle algunas acusaciones a fuerza de martirios, acusaciones que más tarde desmintió, declarando que las había hecho por no sufrir tan terribles tormentos.

Un joven de dieciocho años, José Crespo Sánchez, fue también bárbaramente maltratado. De lo ocurrido a Manuel Díaz Caballero juzgarán nuestros compañeros y lectores por la carta siguiente:

«Cárcel de Jerez, 20 diciembre 92.

Compañeros de *La Anarquía*:

"Teniendo en cuenta que ya poseen detalles generales de lo ocurrido en este proceso, me propongo referirnos lo que a mí atañe en particular".

"El día 15 de enero (siete días después de los sucesos), a las once de la mañana, penetraron en mi casa un sargento de la Guardia Civil, dos cabos del mismo Instituto y uno de orden público, preguntando por mí. Enterados de que era yo, me dijeron que traían órdenes superiores para efectuar un registro. Como no tenía ningún secreto, les dije que podían hacerlo. No dejaron mueble que no dieran mil vueltas, buscando no sé qué, que no encontraron. Después me interrogaron acerca de los periódicos que se leían en mi establecimiento (porque mi profesión es barbero), y les dije que se leían de todas clases; luego me preguntaron si conocía «al Madrileño», si le dábamos posada y de comer, contestándoles afirmativamente. Sin más, se fueron".

"El 17 leí en un periódico que «el Madrileño» acusaba a varios compañeros, entre otros a José Crespo Sánchez, que ya estaba preso, y a mí. Como yo no tenía delito, no quise huir. Al día siguiente, a las siete de la mañana, se presentó un sargento y un guardia civil, que me condujeron al cuartel. Allí estaba el polizonte Ángel Torre Ferreti, que algún tiempo se llamaba anarquista".

"Desde el cuartel fui conducido a la cárcel, donde me tomó declaración el juez don Manuel Bravo, preguntándome muchas cosas que no sabía, y entre ellas si conocía a Lamela, a lo que respondí que sí, puesto que era de mi oficio. Se me incomunicó rigurosamente".

"El 20, a las dos de la madrugada, me sacaron amarrado con cadenas y fui conducido otra vez al cuartel de la Guardia Civil, donde se encontraba Féliz Grávalo (a) «el Madrileño». Al poco tiempo se presentó el teniente de dicho cuerpo diciéndome que le siguiera. Echamos a andar por un pasadizo que da a la izquierda del patio y nos internamos en otro más estrecho, alumbrado por opaca luz. En uno de los extremos había oculto un esbirro, que se precipitó hacia mí, saliendo al tiempo otros, todos armados de gargajos, que comenzaron a descargar sobre mí tan brutalmente que caí al suelo. Yo pedía que me mataran, pero sin hacer caso de mis lamentos continuaron golpeándome hasta que le pareció al teniente y dijo: «Basta por ahora». Entonces dio más luz al quinqué y me preguntó si yo había ido con Lamela al cortijo de Duche (sitio donde se supone que fue la conferencia); repliqué que no. El teniente entonces se acercó a mí y me dijo que iba a dar fin a mi existencia si no decía que sí había ido. Luego me llevaron a la cuadra, donde estaba Lamela amarrado con una cadena como la mía".

"A mí me dejaron en la cuadra y se lo llevaron a él, sin duda a que sufriera los mismos tormentos que yo, puesto que hasta donde yo estaba llegaba el triste eco de sus lamentos y quejidos. Cuando quedaron satisfechos lo trajeron a mi lado, y el teniente, acercándose a nosotros, sacó una botella, llenó un vaso y me lo aproximó a mis labios; creyendo sería veneno, y me libertaría de tanto martirio, lo bebí con avidez; pero luego resultó vino".

"Salimos del cuartel «el Madrileño», Lamela y yo; cada uno llevábamos una pareja de la Guardia Civil e íbamos en hilera; como a unos seis pasos de distancia, a retaguardia de nosotros, seguían doce municipales, dos guardias civiles a caballo, el cabo Revilla, que se ha hecho célebre por sus fechorías, y el teniente de que ya hemos hecho mención. Después de algunos rodeos, vimos que nos sacaban al campo (todavía no comenzaba a clarear el día) y nos encaminaron al cortijo Duche y otro llamado de La Sangarriana, distantes de Jerez el primero dos leguas y el segundo dos y media. Dejamos el de Duche atrás y nos dirigimos al otro".

"Lo primero que hicieron fue obligar a los dueños a desalojar el local. Una vez dentro, el cabo Revilla se dirigió en estos términos al Madrileño:"

"—¿Fue aquí donde se efectuó la reunión?"

"Madrileño. —Sí".

"Revilla. —¿Se leyó aquí *El Combate*?"

"Madrileño. —Sí".

"Revilla. —¿Es cierto que Lamela dijo a diecisiete trabajadores que si estaban dispuestos?"

"Madrileño. —Sí".

"En seguida el cabo Revilla se dirigió a nosotros".

"—¿Es cierto todo eso? —nos preguntó—".

"—No —contestamos—".

"Entonces se arrojó sobre nosotros dándonos de bofetadas y preguntando sin cesar: «¿Es cierto, es cierto»?"

"Aspeados del camino, sin fuerzas morales por el insomnio, molidos los huesos por los golpes y viendo que aquella odiosa y execrable gente no dejaría de martirizarnos hasta que dijéramos que sí, ya fuera de nosotros, respondimos como quisieron".

"¡Bien sabían el resultado que iba a tener aquella infernal comedia! Al instante hicieron pasar al alguacil que llevaban preparado y levantó acta de nuestras declaraciones".

"Terminando aquello, volvimos a la cárcel de Jerez, donde nos metieron, medio muertos ya, en oscuros calabozos. En un segundo de descuido, nuestros infortunado compañero Lamela me refirió que en el cuartel le habían colgado con las manos vueltas, levantándole a gran altura del suelo".

"Pasaron trece o catorce días sin que me interrogaran. Mientras tanto se zanjaba el acto inhumano contra nuestros compañeros Zarzuela y Lamela. El día 5 de febrero me tomaron de nuevo declaración. Me preguntaron si conocía a José Sánchez Rosa; dije que no. Hicieron comparecer «al Madrileño», que me recordó que habíamos ido a Cádiz Lamela, Sánchez y yo a hablar con Salvochea. Entonces dije que sí, pero que a Cádiz sólo habíamos ido a divertirnos, y no a ver a nadie. También me acusó «el Madrileño» de haber estado en Caulina, antes de llegar a Jerez, la noche del 8; respondí que era mentira. Quedó esto así y aquella noche... aquella noche... me condujeron de nuevo al odioso cuartel. No quiero hacerles el relato de la segunda escena: bofetadas, palos, insultos. Ratifiqué mi primera declaración: que había ido a Cádiz, pero a divertirme. Me volvieron a la cárcel".

"Así las cosas, y después de la ejecución de nuestros compañeros, el juez don Cipriano Alba llamó a mi mujer y le prometió que yo sería puesto en libertad, si ella declaraba que había estado en Caulina, e impedido, revólver en mano, que cortaron los alambres del telégrafo, como asimismo que Salvochea le dio una carta «al Madrileño» para que me la entregaran en mi casa. Confiaba en esa falsa promesa, mi mujer declaró cuanto le dijeron".

"A los testigos que yo citaba los amenazaban como no declararan lo que ellos querían; dos, sin embargo, despreciaron las amenazas y dijeron la verdad. Cuando me llamaron a ratificar, y dije que no eran ciertas mis anteriores declaraciones, y que si las había prestado había sido por los tormentos sufridos. Pedí que los testigos que habían declarado en contra bajo la presión de las amenazas me fueran presentados, y se negaron a ello por el temor de que se descubriera la trama".

"En otra declaración que tuve que prestar ante el juez civil señor Bravo me dijo que iban a dar fin de todos los anarquistas de Cádiz, y que los petardos se los..., que éramos... Habría para escribir más folios que tiene este inquisitorial proceso, digno de Torquemada y de los brutales tiempos de la Inquisición".

"Ya están, pues, enterados de algunas de las tropelías que aquí se han cometido con los trabajadores. A mí me han condenado a reclusión perpetua; esto no me intimida. De todo lo escrito da fe y garantiza con su firma el que les desea salud y pronto revolución social. —Manuel Díaz Caballero"».

Otra carta dará también idea exacta de lo que nos proponemos demostrar. Es la siguiente, publicada en el número 293 de *El Productor*:

«Compañeros de *El Productor*»:

"Dejando aparte lamentaciones que nada resuelven y procurando ahogar en mi pecho la voz de la indignación, que me llevaría muy lejos en mis apreciaciones, les diré algo de lo mucho que nos sucede a los que nos hallamos cogidos entre las garras del autoritarismo".

"Aguardando el fallo del consejo de guerra que se sirva condenarnos o absolvernos (probablemente lo primero), se nos tiene depositados en un local que carece totalmente de condiciones higiénicas. En él nos hallamos en montón 121 individuos; el aire, enrarecido e impregnado de miasmas a consecuencia del agua encharcada que hay de continuo en el piso del patio; únase a esto el hedor producido por las materiales fecales, pues que nos vemos obligados a hacer nuestras necesidades en un ángulo del mismo local. Por todas estas causas resulta que el aire, irrespirable, de puro corrompido, exento del vivificador oxígeno, constituye un continuo veneno para nuestros pulmones y es causa perenne de destrucción para el más resistente organismo. Las consecuencias de esto empiezan a ser fatales para muchos de los presos: algunos hay que sufren graves afecciones pulmonares; los hay también medio paralíticos, atacados de dolores nerviosos; al que más y al que menos les afecta alguna dolencia. Con que, amigos, si esto no es asesinar lentamente al género humano, no sé cómo debe calificarse".

"Es muy extraño que a estas horas no se haya desarrollado aquí ninguna de estas enfermedades infecciosas de efectos rápidos, el tifus, por ejemplo, pues el terreno, como comprenderán, no puede hallarse mejor abonado. No me explico cómo habiendo por aquí gente que tenga algo que perder, no haya parado mientes en la posibilidad de que se declare una enfermedad epidémica que pudiera alcanzar a alguno de los suyos, y por espíritu de conservación, ya que no por ningún sentimiento humanitario hacia nosotros, haya advertido a la gente adinerada de este peligro. Cuando alguno de nosotros se atreve a formular alguna queja sobre éste u otro particular, le contestan que todo se andará".

"Pero se hacen los sordos a nuestras quejas y dejan de atender la más natural y sencilla demanda o petición; en cambio, los esbirros se exceden y se muestran muy celosos y activos cuando de aplicarnos algún castigo se trata. No quiere decir esto que entre nosotros se cometan horrendos delitos, si bien que la cosa más natural y lógica se conceptúa grave falta y se produce en consecuencia. Vean de ello una pequeña muestra: a últimos del pasado febrero se verificó un minucioso registro en la persona de nuestro valiente compañero Campanilla, joven de diecisiete años y natural de Cádiz, a quien hallaron una carta y un suelto manuscrito que deseaba remitir a su compañero y maestro Salvochea. Sin embargo, de que en ambos escritos nada se decía en particular, pues sólo en uno de ellos se hacía mención de alguna de las miserias que ocurren en este antro, le fueron secuestrados, y él encerrado en el calabozo e incomunicado por espacio de 30 días. Este modo tan inicuo de castigar la libre emisión del pensamiento contrasta con la tolerancia que se observa con las asquerosidades de los sodomitas".

"Como si nuestras desventuras no fueran bastante, nos vemos obligados con harta frecuencia a sufrir la visita del cura párroco de ésta. Creyendo, y con razón, que en nuestro departamento es infinitamente mayor el número de ateos que el de creyentes, el otro día nos dio una conferencia encaminada a demostrar que el anarquismo es utópico si no va cogido del brazo con la religión. Díganos si no es amargar nuestra situación el que vengan esos agentes del oscurantismo a hablarnos de caridad cristiana y de la misericordia divina, en circunstancias como éstas en que tanto necesitamos de aire puro que respirar y tanto anhelamos salir de este lúgubre, malsano y hediondo lugar. Si al menos hubiera habido libertad de contestar a aquel padre, o tío, algunas de las sandeces con las cuales intentó inútilmente de convencernos, nos habría servido de algún alivio".

"Todavía ignoramos cuándo empezará el nuevo juicio, o lo que sea. Parece ser que ahora andan algo despacio. ¡Y tanta prisa que se dieron al levantar el patíbulo! Hemos visto cosas estupendas relativas al proceso incoado con motivo de los acontecimientos de que fue teatro esta ciudad".

"Preparémonos a ver nuevas monstruosidades. Menos mal si de unas y otras sabemos sacar los trabajadores provechosas enseñanzas".

"Ante los hechos que hemos sido testigos, después de lo que he dicho y de lo que me callo, creo oportuno observar a cuantos han agotado el vocabulario de calificativos injuriosos y denigrantes, con que se han permitido insultar a los trabajadores del campo de Jerez, meditaran algo sobre qué es de admirar más en estos trabajadores, su fiereza y crueldad, o su cordura y excesiva sensatez. —Un trabajador del campo".

"Cárcel de Jerez, 28 de mayo 1892".

Otro atropello más.

Copiamos del número 294 de *El Productor*:

«"Jerez de la Frontera. – En esta cárcel se están cometiendo ignominias más propias de salvajes que de hombres que se llaman civilizados. No parece sino que se hayan propuesto asesinar por medio del tormento a nuestros compañeros detenidos".

"Aquí se violan con la más desvergonzada impunidad todas las leyes naturales y hasta las hechas por la burguesía, sin que nadie ponga coto a tanta demasía".

"El día 28 de marzo pretendieron que nuestros amigos, que no creen en Dios ni en nada que huela a religión positiva, cumplieran con el precepto de ir a misa. Ellos, dignos como el que más, se negaron a lo que sus convicciones rechazaban, por cuyo motivo fueron trasladados a un departamento llamado el de los ateos, más propio a ser habitado por gorrinos que para contener a tantos seres humanos".

"En una sala reducida y reconocidamente incapaz, los tienen amontonados teniendo que hacer todas sus necesidades en un ángulo de la misma".

"Pero no paró aquí la cosa. Por el solo capricho de atormentarlos les han prohibido el fumar, y el compañero Lanceta, que contestó que el fumar era una cosa natural, fue amenazado por los carceleros de sacarle el hígado por la boca a bofetadas".

"Casi acompañando la acción a la palabra quisieron encerrarle en un calabozo, a lo que los demás se opusieron, pero entró la fuerza pública y los defensores de la patria, ¡qué sarcasmo!, y amenazándoles de muerte, bayoneta calada unos y revólver en mano otros, lograron restablecer el orden, que sólo ellos habían alterado, metiendo en el calabozo cargados de grillos y cadenas a varios de los compañeros presos".

"Hidalguía española... ¡Mentira! ¡Los que obran así con los vencidos son unos miserables!"».

He aquí ahora algunos párrafos de varias cartas de los presos de Jerez, publicadas por «El Productor».

Carta fecha 15 de abril de 1892:
«En la carta anterior se denunciaban algunos brutales hechos en demostración de que la falta más leve, y casi siempre sin haber falta alguna, se castiga de modo cruel. Estos hechos se suceden todos los días. Una de las recientes víctimas ha sido Campanilla, que por el único delito de haberle encontrado uno o dos pliegos escritos, en los que había apuntadas algunas de las barbaridades que ocurren con tanta frecuencia, fue encerrado por espa-

cio de treinta días en un calabozo húmedo, estrecho, oscurísimo, del cual ha salido casi completamente baldado y lesionado del pecho. Lo mejor del caso (por no llamarlo lo más vergonzoso e inhumano), es que estando enfermos se les abandona, ya que infinidad de veces nos es negada la asistencia facultativa, y sólo cuando el preso se halla enfermo de mucha gravedad logra ser conducido a la enfermería; como así le ha sucedido al dicho Campanilla, donde se encuentra en estado bastante grave".

"Ya han tenido ocasión de enterarse por qué cosa más baladí fue maltratado de palabra y de obra y cargado de grillos el compañero Lanceta. Al siguiente día de lo sucedido con este compañero, fueron castigados con calabozo gran número de presos que se negaron a ir a misa; después de la declaración, resultaron procesados ocho de los que más se distinguen en su repugnancia por la farsa religiosa. Así resulta que aquí hay trabajador que se halla envuelto en tres procesos, sin haber hecho mal a nadie".

"Al corresponsal en ésta de los periódicos anarquistas le han arrebatado por dos veces el envío de *El Productor* y *La Anarquía*. La circunstancia de ser ciego este compañero le favorece en el sentido de poder atreverse a lo que, aun siendo completamente lícito, no le sería permitido a otro. Poco ha, fue llamado a presencia del comandante de la policía, y le dijo éste: "¿Y a usted no le da miedo el vender esos periódicos? Como no deje usted de venderlos le mando ahorcar". A lo que repuso con entereza nuestro entusiasta compañero: "El tiempo que tarde en salir de aquí es el tiempo que voy a estar sin publicarle a voces". Y, en efecto, aún no hubo franqueado la puerta de la calle, empezó a vocear con más fuerza que nunca los periódicos defensores de nuestras ideas"».

Carta de 25 de mayo:

«El 10 del actual, en el camino que conduce de Arcos a Jerez, iban conducidos por la benemérita, con destino a esta cárcel, varios paisanos y un soldado de caballería, que ignoro si había hecho algún desaguisado; más si así era, de ello debían entender en su regimiento, a cuyo destino le llevaban. Cuando se hizo cargo de ellos la pareja de civiles de Jerez, lo primero que les ordenó es que bebieran agua hasta reventar, pues no volverían a probarla en todo el camino. Así anduvieron algunas horas bajo los rayos de un sol abrasador, que iba haciéndose tanto más insoportable por cuanto estaban los presos rendidos por el cansancio. El cabo de los civiles, llamado Durán, que montaba un soberbio caballo, iba distrayendo su buen humor arreándoles y amenizando la marcha con epítetos como el de criminales, granujas y otros que prodigaba a su sabor. Hasta aquí no hubo otra cosa de particular; pero era imposible para los presos continuar la marcha sin antes saciar la sed devoradora que sentían; no pudiendo resistir más, el soldado se atrevió a pedir agua al referido Durán, que firme en lo que prometió, se negó a ello. Continuaron andando, y ya en la segunda casa de peones, el infeliz soldado se sintió enfermo, le abandonaron las fuerzas y se vio imposibilitado de continuar el camino; así es que fue buen trecho, más bien que andando, arrastrado por los compañeros de conducción. A sus exclamaciones contestaba el cabo diciendo que hacía la comedia y tomándolo a chacota. Poco tardó el soldado en dar con su cuerpo en tierra. Examinado que fue por el otro guardia, y viendo en su rostro señales inequívocas de próxima muerte, le dijo al bueno de Durán que aquello no era comedia, sino que el individuo estaba enfermo de verdad. En vista de su estado, le colocaron sobre una caballería, hasta llegar a la casa más próxima, donde intentaron darle de beber, aunque inútilmente; su palidez, era ya la de un cadáver. Sin tener en cuenta el lastimoso estado en que se hallaba, se le echó nuevamente en la caballería con mayor abandono; pues cuando entró en Jerez la carta le chorreaba sangre; llegado que fue al cuartel dejó de existir".

"Estos son, a grandes rasgos, los tristes detalles de esta verídica historia. ¡Pobre soldado! ¡Cuán lejos estaría de sospechar, al despedirse de su buena madre para ir a pagar a la patria el odioso tributo de sangre, que había de perecer víctima de tan cruel y horroroso martirio!"».

Carta de Arcos, fecha 19 de junio:

«Seguimos presos, por el capricho del cacique de esta localidad, algunos compañeros, y desde la muy inmunda cárcel de Arcos de la Frontera les escribo. Como somos trabajadores, poco importa a tanto charlatán político (que dice querer redimir al pueblo español) el que si hay quien se ocupa de nosotros sea para burla de la desgracia. Aunque jamás les hemos pedido nada y sólo fiamos en nosotros mismos, es decir, en los trabajadores".

"No es lo más triste estar encarcelados y privados de la libertad, no; lo peor son los malos tratos e insufribles caprichos que tenemos que aguantar de los señores jefes de esta casa, que, brutos y estúpidos como son, abusan de su poderío sobre los pobres presos, creyéndose, por lo menos, ser emperadores de China".

"A un infeliz preso que está con nosotros quisieron, no sé si por orden del juez o por quién, que declarara la mentira (pues la verdad la decía) sobre un caso de hurto, y, como no sabía nada de lo que le preguntaban, lo han tenido treinta y tres días en un profundo y asqueroso calabozo, cargado con grillos, completamente incomunicado, y privado, en fin, de todo. De atropellos como éste la mar...".

"Con los dos reales diarios que nos dan tenemos que alimentarnos, especulando, además, todo el mundo con nosotros. ¿Caben más sufrimientos? Nos encontramos también que tenemos privado el poder leer sus periódicos, y somos muy vigilados en nuestras conversaciones. ¿Por qué?".

"El día 3 de junio hubo visita de cárceles. Se nos preguntó, con todo el aparato que requiere la comedia, si teníamos algunas reclamaciones que hacer sobre el establecimiento. Contestamos que pedíamos sólo dejar llegar hasta nosotros el periódico *El Productor*, lo que, efectivamente, nos fue... denegado, con el pretexto de que estamos privados de los derechos constitucionales; y todo por culpa de un mequetrefe, pues los del juzgado iban a decir que sí, y el tal tipo que les acompañaba se adelantó diciendo eso de los derechos constitucionales".

"Pero ¿por qué nos dejan leer periódicos burgueses?, ¿por qué tienen tanto afán en llevarnos papeluchos reaccionarios y católicos? ¿Cómo se nos obliga a oír misa los días festivos? ¿Es que, para servir de comparsas forzosos a tanta farsa, somos más ciudadanos que Cánovas del Castillo?"

"¡Cuántas infamias y crueldades!".

"Otra reclamación hicimos: que se nos permitiera tener asiento (silla o banquilla) para no tener que estar siempre de pie, so pena de dejar el petate día y noche echado por el suelo, infestándose de toda clase de insectos que se crían en estos establecimientos. A esto accedió el señor juez, pero de nada nos sirvió, pues el jefe de la casa contestó que por eso teníamos los petates, y valieron las observaciones. Este buen señor se llama Avelino Segura, y es natural de Almería"».

Después de estos hechos y muchos otros que podríamos citar, viene el inaudito abuso de privar a los presos del dinero que sus compañeros les enviaban para aliviar un tanto su desesperada situación.

*El Productor*, en su número 295, decía:

«Todo el mundo sabe y a todo el mundo le consta que *El Productor*, en vista del gran número de compañeros presos en toda la región española, especialmente en Cádiz, Jerez y Barcelona, y en previsión de que la tragicomedia alcanzaría a muchas localidades, como ha alcanzado, abrió una suscripción perpetua y voluntaria a favor de los presos, para aliviar algo las desdichas de las víctimas del furor burgués-gubernamental, y que, a pesar de la profunda crisis de trabajo y de la cruenta miseria que sufrimos, se han recaudado hasta ahora cerca de cuatro mil pesetas, no faltando todas las semanas numerosas listas de donativos".

"Todo el mundo sabe o puede saber, porque lo hemos publicado en letras de molde, que en el primer reparto se han distribuido 2.244 pesetas, correspondiendo, a prorrata, 1.510 pesetas a los presos de las cárceles de Jerez y 140 a los de Cádiz".

"Pero lo que no sabe todo el mundo, ni nadie más que nosotros y los sacrificados, es que depositamos en la sucursal del Banco de España, de Barcelona, las cantidades correspondientes a Cádiz y Jerez, para que, por letra que se nos entregó, número 904, fuesen cobraderas en la sucursal del Banco de España en Cádiz, letra consignada a nombre del compañero Emilio Sampayo, de Cádiz, a quien encargamos el cobro de la letra y su reparto a los presos de Cádiz y de Jerez, único modo factible que hallamos para hacer llegar a manos de los infortunados compañeros el producto que les tocaba del primer reparto de la suscripción".

"Y lo que tampoco sabe todo el mundo es que el compañero Sampayo, humanitario como todo hombre de bien, no tuvo inconveniente en hacer lo que confiamos a su honradez; y, en efecto, cobró la letra, importe de 1.639 pesetas, entregó las cantidades que correspondían a los presos de Cádiz y marchó a Jerez con la cantidad de 1.510 pesetas de la suscripción referida, para entregarla a los presos de esta última ciudad".

"Tampoco sabe todo el mundo, aunque todo puede esperarse de la arbitrariedad, es que el compañero Sampayo, con quien no sabemos tuviera nada que ver lo que se llama la justicia, al cumplir la honrosa misión que nosotros le encargamos, fue interrogado respecto al objeto que le llevaba a la cárcel, contestando la pura verdad, y por ello fue detenido, encerrado en inmundo calabozo y cargado de grilletes, incautándose el jefe de la cárcel del dinero".

"Tampoco sabe todo el mundo, a pesar de que todo puede presumirse del autoritarismo, es que ha sido detenida la compañera de Sampayo, seguramente por la misma causa que él y por la agravante circunstancia de ser su esposa, siendo conducida presa a Jerez".

"Y no tenemos más detalles, que ya se nos comunicarán, si es que se nos puede escribir, si no se extravía la carta en correos y hacen el favor de entregárnosla".

"Ahora bien: como que la detención y prisión de Sampayo fue hecha después del interrogatorio y declaración del objeto que a Jerez, y a su cárcel, le llevaba, como queda expresado, tenemos motivos sobrados para comprender que es por esto que se le hace preso, y no por ninguna otra cosa, y es por esto también que se ha preso a su esposa, y por esto, asimismo, que se han apoderado de nuestro dinero, del dinero de la suscripción, del dinero propiedad de los presos, el jefe de la cárcel de Jerez"».

Por su parte, los compañeros presos se expresaban en los términos siguientes:

«¿Puede darse un hecho más inaudito que el que se refiere al compañero Sampayo, portador de la cantidad que debía repartirse entre los presos? Este compañero residía en Cádiz y de allí vino a Jerez llevando en su poder la suma de 1.500 pesetas. Apenas llegado a ésta ha sido detenido por un cabo de municipales del distrito de la plaza de Sanlúcar, conocido por Acosta, y habiendo sido registrado por éste y hallándose el dinero, fue conducido a disposición del jefe de policía, y éste lo entregó al juzgado. Explicada satisfactoriamente la procedencia de aquella suma, y el objeto a que iba destinada, parece natural que debía ponerse inmediatamente en libertad a dicho compañero; pero el señor juez lo entendió de otro modo y lo que hizo fue incautarse de la referida cantidad, siendo inmediatamente conducido a un lóbrego y húmedo calabozo, cargado de gruesos grilletes e incomunicado. Poco después fue llamado a declarar ante el juez García Vega el compañero con quien debía entenderse Sampayo para hacer el reparto, y éste corroboró lo dicho por el primero, lo cual le valió, igualmente que al otro, ser metido en calabozo y tratado con todo rigor. Además, hemos leído en *El Guadalete* haber sido conducida a esta cárcel una mujer vecina de Cádiz; que por las señas hemos deducido sea la compañera de Sampayo. Delito seguramente no habrá cometido ninguno; pero no importa. Tampoco le ha cometido Sampayo, y no obstante, ya se han enterado de cómo le trataron. Otra víctima por haber realizado una buena acción".

"El sábado, 21 del presente, se hizo al presidente de la Audiencia la reclamación, en debida forma, de las 1.510 pesetas retenidas al compañero Sampayo. Se nos ha contestado que dicha cantidad quedaba depositada en el Banco hasta tanto no se dé por terminado el proceso con que este motivo se sigue a dicho compañero".

"Entre los interesados ha producido pésimo efecto esta contestación, pues no se explican, probada ya sobradamente la procedencia de dicha cantidad y a lo que va destinada, qué obstáculo puede haber que impida el ser entregada a sus dueños, como no sea el deliberado intento de acibarar todavía más la situación de los presos por los sucesos del 8 de enero".

"Mas, ¿qué hemos de hacer ante la respetable decisión del presidente de la Audiencia más que acatarla y, humildes y sumisos, bajar la cabeza?".

"Les desea salud y emancipación social. —Un trabajador del campo"».

¿Creerá el inocente lector que este dinero fue devuelto inmediatamente y puestos en libertad Sampayo, su esposa y García Vega?

Pues no, que la justicia española sólo se apresura para ahorcar y encarcelar a las gentes. El dinero, reclamado una y otra vez, sistemáticamente, por «El Productor», no fue devuelto en algunos meses, y cuando al fin se le dio el destino que tenía, apareció mermado en una cierta cantidad para atestiguar, sin duda, que la gente de la curia jamás se queda algo entre la uñas.

¿Creerá asimismo el bondadoso lector que la prensa, escandalizada, protestó de este desaguisado judicial?

Ni mucho menos. Para esa prensa que se vende a todas las empresas, importa poco o nada que se despoje a los trabajadores de lo que, céntimo a céntimo, habían reunido unos hambrientos para socorrer a otros hambrientos. Como hemos dicho ya, en la cruzada del silencio entró todo el mundo; y si a los desdichados campesinos andaluces se les hubiera robado hasta la camisa y se les hubiera fusilado en masa, toda la canallota que se llama gente honrada hubiera permanecido impasible y tranquila, como si nada ocurriera.

Y al que crea sencillamente que paró en esto la cosa, le diremos que nuestros amigos de *El Productor* se vieron obligados a dar mil rodeos para hacer llegar el producto de la suscripción abierta a manos de los presos de muchas otras localidades, y que este periódico, *El Corsario* y *La Anarquía* se cansaron de denunciar el hecho de que en los pueblos de Andalucía se secuestraban todos los ejemplares que de dichos semanarios iban por correo con todas las condiciones legales y que, aún más, se prendía y se apelaba a cuantos tenían la mala suerte de recibirlos o de reclamarlos.

¿Se quiere más? Pues que se nos hable de Siberia, del despotismo y de la Inquisición, y todo esto será preferible a lo que en Andalucía se hace. Allí nada está seguro. Honra y vida a merced de cualquier cacique o de cualquier juez, o del primer polizonte o guardia civil que se le antoja repartir tajos y mandobles como el ciego reparte palos. Honra y vida siempre pendiente del primer miserable que tiene algo que vengar. Ni ley, ni constitución, ni justicia hay allí que ampare al débil. La justicia, la ley y la constitución no sirven para otra cosa, en último caso, que para justificar estas infamias, propias de bestias carniceras.

Y luego los que roban a toda hora y robando se enriquecen, los que matan lentamente, pero con mano segura, para amasar sus riquezas; los que viven de vigilar, delatar y fraguar fantásticas conspiraciones, los que ponen su conciencia y su pluma a merced del que mejor paga; ponen el grito en el cielo y arremeten contra el campesino andaluz, llenándole de improperios, calumniándole e insultándole vil y cobardemente. ¿Quiénes son los bandidos, los asesinos, los ladrones, los criminales de peor estofa, sino esos seres degradados que chupan la sangre de gentes pacíficas y laboristas? ¿Quiénes si no los autores de tanto atropello como en Andalucía se comete?

¡Manada de locos!, es lo que menos se ha dicho de los campesinos jerezanos. ¡Manadas de asesinos!, podríamos decir nosotros de los que al campesino jerezano explotan, apalean, encarcelan y matan.

Sí, manada de locos desesperados debieran ser, a juzgar por los sufrimientos, los tormentos, la miseria y la desnudez en que viven. Manada de locos furiosos que dieran buena cuenta de esos cuerdos que tranquilamente, sin inmutarse, aprietan el tornillo de la tortura humana.

Si hubiera siquiera un poco de sentido moral, algo de honrados y humanos sentimientos, no los campesinos de Jerez, la Sociedad en pleno debiera levantarse para aplastar esos reptiles que para vivir cómodamente no sienten escrúpulos de apelar a los medios más depravados, más infames, más inicuos.

Pero aquí no queda ya más que un instinto de ferocidad sin límites por defender el trozo de carne contra los perros vagabundos cansados de roer descarnados huesos. Aquí no queda del hombre más que lo que tiene el bruto, y todo sentimiento humano, todo noble pensamiento o acción, ha sido ahogado por el delirio de las riquezas, por la usura, por la explotación, por el latrocinio organizado en gran escala.

Los resultados inevitables de este estado de cosas podrán ser alejados un tanto, pero, fatalmente, producirán al fin una revolución sangrienta, cuya responsabilidad será toda entera de los satisfechos, de los hartos, de los que no piensan más que con el bolsillo y con el estómago.

Al desdichado hambriento de todos los días no le quedará otra responsabilidad que la de haberse sometido y resignado durante tanto tiempo.

# CONCLUSIÓN

De estos brutales atropellos, de estas persecuciones
sistemáticas, de los encarcelamientos y asesinatos
legales, no ha resultado para la burguesía ningún
beneficio. Quería ahogar la propaganda anarquista, y ésta gana cada día más terreno en Andalucía.
Intentó acobardar a los trabajadores, y como había
temblado el 8 de enero, volvió a temblar el 1 de
mayo del 1892 y el 10 de febrero del 1893, cuando
tuvo efecto una imponente manifestación de due-
lo que la prensa asalariada desfiguró a su antojo. Y
cuando en Jerez se celebra una fiesta, se abre una
feria o se reúne mucha gente por cualquier motivo, la burguesía vuelve a temblar cobardemente y
huye en todas direcciones.

¿Por qué? Porque quien como ella procede ha de sentir a cada instante el aguijón de la acusadora conciencia, ha de sentir a cada paso el acicate del miedo, como que está segura de próxima y terrible represalia.

Al igual que el obrero de la ciudad, el campesino tiene la conciencia de que un tremendo sacudimiento social se aproxima y piensa en él y a él se dispone como una cosa corriente que debe suceder de una manera fatal. Por eso, después de la Mano Negra y del 8 de enero del 1891, en que los trabajadores andaluces tan caras pagaron sus ideas emancipadoras, les oirán hablar a diario de la revolución social y del planteamiento inmediato de la ANARQUÍA y los hallarán siempre dispuestos a la lucha como quien está seguro de la victoria o dispuesto al sacrificio.

Al obrero andaluz ya no le acobarda nada. Acostumbrado a la lucha brutal en que se le ha metido más que se ha metido él mismo, no se preocupa del sufrimiento y piensa y sueña a diario con la revolución que le redima, que le emancipe. Si por el momento parece anonadado es porque se agita en la sombra, porque deja pasar el turbión y se repone para más definitivas y serias empresas.

Y con hombres así, y con la solidaridad cada vez más estrecha que se establece entre todos los obreros del mundo, es fatal, es inevitable el derrumbamiento de esta sociedad salvaje, en la que para vivir hay que sacrificar las vidas de millares de seres y fundamentar la propia fortuna en la miseria ajena.

Por eso nosotros, tendiendo una mano a los trabajadores andaluces, les gritamos: ¡Adelante, adelante siempre!

Con ellos están nuestras simpatías y nuestros anhelos, porque con ellos nos disponemos para la revolución social que ha de emanciparnos definitivamente.

**ESTEL NEGRE**
COL·LECCIÓ
LLUM I FOSCOR

TÍTOLS PUBLICATS

**CALUMNIA**

*Los sucesos de Jerez*
de RICARDO MELLA
se publicó el día 14 de junio de 2024,
en memoria de lxs anarquistas de Jerez
asesinadxs 140 años atrás